Kaksikielinen kuvakirjani

Min tvåspråkiga bilderbok

Sefan kauneimmat lastentarinat yhdessä niteessä

Ulrich Renz • Barbara Brinkmann:

Nuku hyvin, pieni susi · Sov gott, lilla vargen

Lapsille yli 2-vuotiaiden

Cornelia Haas • Ulrich Renz:

Minun kaikista kaunein uneni · Min allra vackraste dröm

Lapsille yli 2-vuotiaiden

Ulrich Renz • Marc Robitzky:

Villijoutsenet · De vilda svanarna

Perustuen Hans Christian Andersenin satuun

Lapsille yli 5-vuotiaiden

© 2024 by Sefa Verlag Kirsten Bödeker, Lübeck, Germany. www.sefa-verlag.de

Special thanks to Paul Bödeker, Freiburg, Germany

All rights reserved.

ISBN: 9783756304509

Lue · Kuuntele · Ymmärrä

Käännös:

Maria Alaoja (suomi)

Katrin Bienzle Arruda (ruotsi)

Äänikirja ja video:

www.sefa-bilingual.com/bonus

Ilmainen pääsy salasanalla:

suomi: **LWFI1518**

ruotsi: **LWSV2831**

Hyvää yötä, Tim! Jatketaan etsimistä huomenna.
Nyt nuku hyvin!

God natt, Tim! Vi fortsätter att leta imorgon.
Sov nu så gott!

Ulkona on jo pimeää.

Det är redan mörkt ute.

Mitä Tim tekee?

Vad gör Tim där?

Hän on lähdössä ulos leikkikentälle.
Mitä hän sieltä etsii?

Han går ut till lekplatsen.
Vad är det han letar efter?

Hänen pientä suttaan!
Ilman sitä hän ei osaa nukkua.

Den lilla vargen!
Han kan inte sova utan den.

Kuka tuolta tulee?

Vem är det nu som kommer?

Marie! Hän etsii palloaan.

Marie! Hon letar efter sin boll.

Ja mitähän Tobi etsii?

Och vad letar Tobi efter?

Hänen kaivuriaan.

Sin grävmaskin.

Ja mitä Nala etsii?

Och vad letar Nala efter?

Hänen nukkeaan.

Sin docka.

Eikö lasten pitäisi olla jo sängyssä?
Kissa on hyvin ihmeissään.

Måste inte barnen gå och lägga sig?
Undrar katten.

Ketkä nyt ovat tulossa?

Vem kommer nu?

Timin äiti ja isä!
He eivät osaa nukkua ilman Timiään.

Tims mamma och pappa!
Utan deras Tim kan de inte sova.

Ja tuolta tulee vielä lisää! Marien isä.
Tobin isoisä. Ja Nalan äiti.

Och nu kommer ännu fler! Maries pappa.
Tobis morfar. Nalas mamma.

Mutta nyt nopeasti sänkyyn!

Nu skyndar vi oss i säng!

Hyvää yötä, Tim!
Huomenna meidän ei tarvitse enää etsiä.

God natt, Tim!
Imorgon behöver vi inte leta mer!

Nuku hyvin, pieni susi!

Sov gott, lilla vargen!

Cornelia Haas • Ulrich Renz

Minun kaikista kaunein uneni

Min allra vackraste dröm

Käännös:

Janika Tuulia Konttinen (suomi)

Narona Thordsen (ruotsi)

Äänikirja ja video:

www.sefa-bilingual.com/bonus

Ilmainen pääsy salasanalla:

suomi: **BDFI1518**

ruotsi: **BDSV2831**

Minun kaikista kaunein uneni
Min allra vackraste dröm

Cornelia Haas · Ulrich Renz

suomi   kaksikielinen   ruotsi

Lulu ei pysty nukahtamaan. Kaikki muut näkevät jo unta – hai, elefantti, pieni hiiri, lohikäärme, kenguru, ritari, apina, lentäjä. Ja vauvaleijona. Myös nallen silmät painuvat jo melkein kiinni ...

Hei nalle, otatko minut mukaan uneesi?

Lulu kan inte somna. Alla andra drömmer redan – hajen, elefanten, den lilla musen, draken, kängurun, riddaren, apan, piloten. Och lejonungen. Även björnen kan nästan inte hålla ögonen öppna ... Du björn, kan du ta med mig in i din dröm?

Ja niin jo on Lulu Nalle-Unimaassa. Nalle kalastaa Tagayumi-järvellä. Ja Lulu ihmettelee, kuka tuolla ylhäällä puissa mahtaa asua?

Kun uni päättyy, tahtoo Lulu seikkailla vielä lisää. Tule mukaan, menemme käymään hain luona! Mistä se mahtaa nähdä unta?

Och med det så finner sig Lulu i björnarnas drömland. Björnen fångar fisk i Tagayumisjön. Och Lulu undrar, vem skulle kunna bo där uppe i träden? När drömmen är slut vill Lulu uppleva ännu mer. Följ med, vi hälsar på hajen! Vad kan han drömma om?

Hai leikkii hippaa kalojen kanssa. Vihdoinkin hänellä on ystäviä! Kukaan ei pelkää hänen teräviä hampaitaan.

Kun uni päättyy, tahtoo Lulu seikkailla vielä lisää. Tulkaa mukaan, menemme käymään elefantin luona! Mistä se mahtaa nähdä unta?

Hajen leker tafatt med fiskarna. Äntligen har han vänner! Ingen är rädd för hans spetsiga tänder.

När drömmen är slut vill Lulu uppleva ännu mer. Följ med, vi hälsar på elefanten! Vad kan han drömma om?

Elefantti on kevyt kuin höyhen ja pystyy lentämään! Pian se laskeutuu taivasniitylle.

Kun uni päättyy, tahtoo Lulu seikkailla vielä lisää. Tulkaa mukaan, menemme käymään pienen hiiren luona! Mistä se mahtaa nähdä unta?

Elefanten är lika lätt som en fjäder och kan flyga! Snart landar han på den himmelska ängen.
När drömmen är slut vill Lulu uppleva ännu mer. Följ med, vi hälsar på den lilla musen! Vad kan hon drömma om?

Pieni hiiri katselee tivolia. Eniten hän pitää vuoristoradasta.
Kun uni päättyy, tahtoo Lulu seikkailla vielä lisää. Tulkaa mukaan, menemme käymään lohikäärmeen luona! Mistä se mahtaa nähdä unta?

Den lilla musen är på ett tivoli. Mest gillar hon berg- och dalbanan. När drömmen är slut vill Lulu uppleva ännu mer. Följ med, vi hälsar på draken. Vad kan hon drömma om?

Lohikäärmeellä on jano tulen syöksemisestä. Mieluiten se haluaisi juoda kokonaisen limonadijärven tyhjäksi.

Kun uni päättyy, tahtoo Lulu seikkailla vielä lisää. Tulkaa mukaan, menemme käymään kengurun luona! Mistä se mahtaa nähdä unta?

Draken är törstig av att ha sprutat eld. Hon skulle vilja dricka upp hela sockerdrickasjön.

När drömmen är slut vill Lulu uppleva ännu mer. Följ med, vi hälsar på kängurun! Vad kan hon drömma om?

Kenguru hyppii läpi makeistehtaan ja ahtaa pussinsa täyteen. Vielä lisää sinisiä karkkeja! Ja lisää tikkareita! Ja suklaata!

Kun uni päättyy, tahtoo Lulu seikkailla vielä lisää. Tulkaa mukaan, menemme käymään ritarin luona! Mistä se mahtaa nähdä unta?

Kängurun hoppar genom godisfabriken och stoppar sin pung full. Ännu fler av de blåa karamellerna! Och ännu fler klubbor! Och choklad!

När drömmen är slut vill Lulu uppleva ännu mer. Följ med, vi hälsar på riddaren. Vad kan han drömma om?

Ritari käy kakkusotaa unelmiensa prinsessan kanssa. Ooh! Kermakakku menee ohi!

Kun uni päättyy, tahtoo Lulu seikkailla vielä lisää. Tulkaa mukaan, menemme käymään apinan luona! Mistä se mahtaa nähdä unta?

Riddaren har tårtkrig med sin drömprinsessa. Oj! Gräddtårtan missar! När drömmen är slut vill Lulu uppleva ännu mer. Följ med, vi hälsar på apan! Vad kan han drömma om?

Kerrankin apinamaassa on satanut lunta! Koko apinajoukko on riemuissaan ja pelleilee.

Kun uni päättyy, tahtoo Lulu seikkailla vielä lisää. Tulkaa mukaan, menemme käymään lentäjän luona, mihin uneen hän on mahtanut laskeutua?

Äntligen har det snöat i aplandet! Hela apgänget är helt uppspelta och gör rackartyg.

När drömmen är slut vill Lulu uppleva ännu mer. Följ med, vi hälsar på piloten! I vilken dröm kan han ha landat i?

Lentäjä lentää ja lentää. Maailman loppuun ja vielä eteenpäin tähtiin asti. Siihen ei ole vielä kukaan toinen lentäjä pystynyt.

Kun uni päättyy, ovat kaikki jo hyvin väsyneitä, eivätkä he tahdo enää seikkailla niin paljon. Mutta vauvaleijonan luona he haluavat vielä käydä. Mistä se mahtaa nähdä unta?

Piloten flyger och flyger. Ända till världens ände och ännu längre, ända till stjärnorna. Ingen pilot har någonsin klarat av detta tidigare.

När drömmen är slut så är alla väldigt trötta och känner inte för att uppleva mycket mer. Men lejonungen vill de fortfarande hälsa på. Vad kan hon drömma om?

Vauvaleijonalla on koti-ikävä ja se haluaa takaisin lämpimään, pehmoiseen petiin.

Ja muut myös.

Ja siellä alkaa ...

Lejonungen har hemlängtan och vill tillbaka till sin varma mysiga säng.
Och de andra med.

Och där börjar ...

... Lulun kaikista kaunein uni.

... Lulus
allra vackraste dröm.

Ulrich Renz • Marc Robitzky

Villijoutsenet
De vilda svanarna

Käännös:

Janika Tuulia Konttinen (suomi)

Narona Thordsen (ruotsi)

Äänikirja ja video:

www.sefa-bilingual.com/bonus

Ilmainen pääsy salasanalla:

suomi: **WSFI1518**

ruotsi: **WSSV2831**

Ulrich Renz · Marc Robitzky

Villijoutsenet
De vilda svanarna

Perustuen Hans Christian Andersenin satuun

suomi   kaksikielinen   ruotsi

Olipa kerran kaksitoista kuninkaallista lasta—yksitoista veljestä ja yksi isosisko, Elisa. He elivät onnellisina hyvin kauniissa linnassa.

Det var en gång tolv kungabarn—elva bröder och en storasyster, Elisa. De levde lyckliga i ett underbart vackert slott.

Eräänä päivänä äiti kuoli, ja jokin aikaa myöhemmin kuningas meni uudelleen naimisiin. Uusi vaimo oli kuitenkin paha noita. Hän taikoi yksitoista prinssiä joutseniksi ja lähetti heidät kauas pois, kaukaiseen maahan suuren metsän toisella puolella.

En dag dog modern, och efter en tid gifte sig kungen på nytt. Men den nya kvinnan var en elak häxa. Hon förtrollade de elva prinsarna så att de blev svanar och skickade dem långt bort till ett fjärran land bakom den stora skogen.

Tytön hän puki rääsyihin ja hieroi ällöttävää salvaa hänen kasvoihinsa, niin että edes oma isä ei tunnistanut häntä ja karkotti hänet linnasta. Elisa juoksi pimeään metsään.

Flickan klädde hon i trasor och smörjde in henne med en ful salva i ansiktet så att den egna fadern inte längre kände igen henne och jagade bort henne från slottet. Elisa sprang in i den mörka skogen.

Nyt hän oli aivan yksin ja kaipasi koko sielustaan kadonneita veljiään. Kun ilta tuli, teki hän itselleen puiden alle pedin sammaleesta.

Nu var hon helt ensam och längtade efter hennes försvunna bröder med hela sitt hjärta. När det blev kväll bäddade hon en säng av mossa under träden.

Seuraavana aamuna hän saapui tyynelle järvelle ja säikähti, kun hän näki sen pinnassa peilikuvansa. Mutta sen jälkeen kun hän oli pessyt itsensä, hän oli kaunein kuninkaallinen lapsi auringon alla.

Nästa morgon kom hon fram till en lugn sjö och blev förskräckt när hon däri såg sin spegelbild. Men efter att hon hade tvättat sig var hon det vackraste kungabarnet på jorden.

Useiden päivien jälkeen Elisa saavutti suuren meren. Aalloissa keinui yksitoista joutsenen sulkaa.

Efter många dagar nådde Elisa det stora havet. På vågorna gungade elva svanfjädrar.

Kun aurinko laski, ilmassa kuului kahinaa ja yksitoista villijoutsenta laskeutui veteen. Elisa tunnisti lumotut veljensä heti. Mutta koska he puhuivat joutsenkieltä, ei hän kyennyt ymmärtämään heitä.

När solen gick ner hördes ett sus i luften och elva vilda svanar landade på vattnet. Elisa kände genast igen sina förtrollade bröder. Men för att dom talade svanspråket kunde hon inte förstå dem.

Päiväsaikaan joutsenet lensivät pois, öisin sisarukset käpertyivät vierekkäin luolassa.

Eräänä yönä Elisa näki kummallisen unen: hänen äitinsä sanoi hänelle, kuinka hän voisi vapauttaa veljet. Hänen täytyisi kutoa nokkosesta jokaiselle joutsenelle paita ja heittää ne heidän päälleen. Siihen asti hän ei kuitenkaan saisi sanoa yhtä ainutta sanaa, muutoin hänen veljiensä täytyisi kuolla. Elisa kävi heti työhön. Vaikka hänen kätensä polttivat kuin tuli, hän kutoi väsymättä.

På dagen flög svanarna bort, under natten kurade syskonen ihop sig i en grotta.

En natt hade Elisa en besynnerlig dröm: Hennes mor sade till henne hur hon kunde befria sina bröder. Av nässlor skulle hon sticka en skjorta för varje svan och dra den över den. Men tills dess får hon inte tala ett enda ord, annars måste hennes bröder dö.
Elisa började genast med arbetet. Trots att hennes händer sved som brända med eld stickade hon outtröttligt.

Eräänä päivänä kajahtelivat kaukana metsästystorvet. Eräs prinssi tuli ratsastaen seurueensa kanssa ja seisoi jo pian hänen edessään. Kun he kumpikin katsoivat toisiaan silmiin, rakastuivat he toisiinsa.

En dag ljöd jakthorn i fjärran. En prins kom ridande med sitt följe och stod snart framför henne. När de såg in i varandras ögon blev de förälskade i varandra.

Prinssi nosti Elisan hevosensa selkään ja ratsasti hänen kanssaan linnaansa.

Prinsen lyfte upp Elisa på sin häst och red med henne till sitt slott.

Mahtava rahastonhoitaja oli mykän kaunokaisen saapumisesta kaikkea muuta kuin iloissaan. Hänen omasta tyttärestään pitäisi tulla prinssin morsian.

Den mäktige skattmästaren var allt annat än glad över ankomsten av den stumma vackra. Hans egen dotter skulle bli prinsens brud.

Elisa ei ollut unohtanut veljiään. Joka ilta hän jatkoi paitojen tekemistä. Eräänä yönä hän meni ulos hautausmaalle hakeakseen tuoreita nokkosia. Samalla rahastonhoitaja tarkkaili häntä salaa.

Elisa hade inte glömt sina bröder. Varje kväll fortsatte hon att arbeta med skjortona. En natt gick hon ut till kyrkogården för att hämta färska nässlor. Samtidigt blev hon hemligt iakttagen av skattmästaren.

Heti kun prinssi oli metsästysretkellä, antoi rahastonhoitaja heittää Elisan vankityrmään. Hän väitti, että Elisa olisi noita, joka tapaisi öisin muita noitia.

Så snart som prinsen var på en jaktutflykt lät skattmästaren slänga Elisa i fängelsehålan. Han hävdade att hon var en häxa som mötte andra häxor på natten.

Aamunsarasteessa hakivat vartijat Elisan. Hänet olisi määrä polttaa markkinapaikalla.

I gryningen blev Elisa hämtad av vakterna. Hon skulle brännas på torget.

Hän oli tuskin saapunut sinne, kun yhtäkkiä yksitoista valkoista joutsenta tulivat lentäen. Nopeasti Elisa heitti jokaisen päälle nokkospaidan. Pian seisoivat kaikki hänen veljensä ihmishahmossa hänen edessään. Vain pienin, jonka paita ei ollut tullut aivan valmiiksi, säilytti yhden käsivarren sijaan siiven.

De hade knappast kommit fram när plötsligt elva vita svanar kom flygande. Snabbt drog Elisa en nässelskjorta över var och en. Snart stod alla hennes bröder framför henne som människofigurer. Bara den yngsta, vars skjorta inte hade blivit helt färdig, behöll en vinge istället för en arm.

Sisarusten syleily ja suukottelu ei ollut vielä saanut loppua, kun prinssi palasi takaisin. Lopultakin Elisa pystyi kertomaan hänelle kaiken. Prinssi antoi heittää pahan rahastonhoitajan vankityrmään. Ja sitten juhlittiin häitä seitsemän päivän ajan.

Ja he elivät onnellisina elämänsä loppuun saakka.

Syskonens kramande och pussande hade inte tagit slut än när prinsen kom tillbaka. Äntligen kunde Elisa förklara alltihopa. Prinsen lät den elake skattmästaren slängas i fängelsehålan. Och sedan firade de bröllop i sju dagar.

Och så levde de lyckliga i alla sina dagar.

Hans Christian Andersen

Hans Christian Andersen syntyi 1805 tanskalaisessa kaupungissa Odensessa ja kuoli 1875 Kööpenhaminassa. Hän saavutti maailmanmainetta saduillaan, kuten „Pieni merenneito", „Keisarin uudet vaatteet" ja „Ruma ankanpoikanen". Käsissäsi oleva satu, „Villijoutsenet", julkaistiin ensimmäistä kertaa 1838. Tämän jälkeen sitä on käännetty yli sadalle kielelle ja kerrottu monissa sovituksissa, mm. myös teatteri-, elokuva- ja musikaaliversioissa.

Barbara Brinkmann syntyi 1969 Münchenissä ja varttui Baijerin Esi-Alpeilla. Hän opiskeli arkkitehtuuria Münchenissä ja on nykyään tutkimusavustaja arkkitehtuurin tiedekunnassa Münchenin teknillisessä yliopistossa. Sen lisäksi hän työskentelee itsenäisenä graafikkona, kuvittajana ja kirjailijana.

Cornelia Haas syntyi 1972 Ichenhausenissa Augsburgissa (Saksa). Hän opiskeli muotoilua Münsterin ammattikorkeakoulussa ja valmistui sieltä diplomi-muotoilijaksi. Vuodesta 2001 lähtien hän kuvittaa lasten- ja nuortenkirjoja, vuodesta 2013 lähtien hän opettaa akryyli- ja digitaalimaalauksen dosenttina Münsterin ammattikorkeakoulussa.

Marc Robitzky, ikäluokkaa 1973, opiskeli teknillisessä taidekoulussa Hampurissa ja Academy of Visual Artsissa Frankfurtissa. Hän toimii vapaana kuvittajana ja viestintäsuunnittelijana Aschaffenburgissa (Saksa).

Ulrich Renz syntyi 1960 Stuttgartissa (Saksa). Hän opiskeli ranskalaista kirjallisuutta Pariisissa ja lääketiedettä Lyypekissä, sen jälkeen hän työskenteli tieteellisen kustantamon johtajana. Nykyään Renz on vapaa kirjailija, asiateosten lisäksi hän kirjoittaa lasten- ja nuortenkirjoja.

Väritätkö mielelläsi?

Täältä löydät kaikki tarinan kuvat väritettäviksi:

www.sefa-bilingual.com/coloring

www.ingramcontent.com/pod-product-compliance
Lightning Source LLC
LaVergne TN
LVHW070441080526
838202LV00035B/2688